Briefe aus dem Gefängnis

Rosa Luxemburg

Alpha Editions

This edition published in 2022

ISBN : 9789356712379

Design and Setting By
Alpha Editions
www.alphaedis.com
Email - info@alphaedis.com

Contents

Zur Einführung

Drei Jahre und vier Monate hat Rosa Luxemburg während des Krieges im Gefängnis verbracht, ein Jahr (vom Februar 1915 bis Februar 1916) im Berliner Weibergefängnis (Barnimstraße) für eine in Frankfurt a. M. gehaltene Rede über die Soldatenmißhandlungen, dann zwei Jahre und vier Monate (vom 10. Juli 1916 bis zum 10. November 1918) in »Schutzhaft« in Berlin, Wronke und Breslau. Sie war ganz von der Außenwelt abgeschnitten, nur Bücher und Briefe, die strenge Zensur passiert hatten, durften sie erreichen. Einmal im Monat war Besuch unter strenger Aufsicht gestattet.

Die Kraft der mutigsten Vorkämpferin des Proletariats sollte gebrochen und ihre weckende, die Lüge geißelnde, die Wahrheit wissende Stimme sollte zum Schweigen gebracht werden. Beides mißlang. Dieser stählerne Wille erschlaffte nicht. Rosa Luxemburg hat in diesen Gefängnisjahren unermüdlich gearbeitet. – Die unsagbare Einsamkeit endloser Tage und Nächte sammelte alle Kräfte ihres Geistes und ihrer Seele. Die Leidenschaft der Erkenntnis ließ ihre Stimme zu Fanfarentönen anschwellen: die berühmte »Junius-Broschüre«, die hinter Gittern entstand, war nicht der einzige Weckruf, der den Weg aus dem Gefängnis fand. Flugblätter, Aufrufe und wesentliche Beiträge zu den »Spartakus-Briefen« wußte Rosa Luxemburg ihren politischen Freunden zu übermitteln. Durch aufreibende illegale Korrespondenz und Arbeit suchte sie von ihrer Zelle aus die revolutionäre Entwicklung der deutschen Arbeiter zu lenken.

Doch weder ihre wissenschaftliche noch ihre agitatorische Arbeit aus diesen furchtbaren Jahren soll hier gewürdigt werden. Hier gilt es, der Jugend, den Arbeitern, all denen, für deren Wohl und Freiheit sie kämpfte, litt und starb – durch feige Verbrecherhände starb – die ganze Seele der Vielverleumdeten zu zeigen. Hier schwindet die Scheu vor Preisgabe persönlichen Lebens. Diese privaten Briefe sind keine Privatbriefe mehr. Wer die Wissenschaftlerin und Kämpferin Rosa Luxemburg kennt, kennt noch nicht alle Seiten ihres Wesens. Die Briefe aus dem Gefängnis runden das Bild. Die Anhänger und Mitkämpfer Rosa Luxemburgs haben ein Recht darauf, den Reichtum ihres unermüdlich quellenden Herzens zu kennen. Sie sollen sehen, wie diese Frau, über ihren eigenen Leiden stehend, alle Wesen der Schöpfung mit verstehender Liebe und dichterischer Kraft umfängt, wie ihr Herz in Vogelrufen erzittert, wie Verse beschwingter Sprache in ihr widerklingen, wie Schicksal und tägliches Tun der Freunde in ihr geborgen sind. So stellen wir das Denkmal auf, das die Tote sich selbst errichtet hat.

Berlin, August 1920

Die Herausgeber

Die in dieser Sammlung enthaltenen Briefe sind an Frau Sophie Liebknecht gerichtet

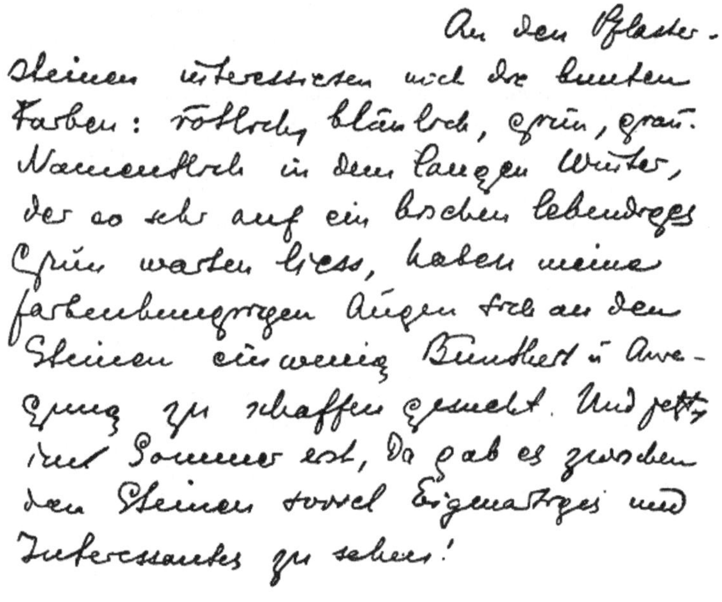

An den Pflaster-
steinen interessieren mich die bunten
Farben: rötlich, bläulich, grün, grau.
Namentlich in dem langen Winter,
der so sehr auf ein bischen lebendiges
Grün warten liess, haben meine
farbenhungrigen Augen sich an den
Steinen ein wenig Buntheit u. Anre-
gung zu schaffen gesucht. Und jetzt,
im Sommer erst, da gab es zwischen
den Steinen soviel Eigenartiges und
Interessantes zu sehen!

Aus dem Briefe vom 20. Juli 1917

AUS LEIPZIG

Postkarte.[1]

Leipzig, 7. 7. 16.

Meine liebe kleine Sonja!

Es ist heute eine drückende feuchte Hitze, wie meist in Leipzig – ich vertrage so schlecht die Luft hier. Ich saß vormittag 2 Stunden in den Anlagen am Teich und las im »Reichen Mann«.[2] Die Sache ist brillant. Ein altes Mütterchen setzte sich neben mich, tat einen Blick auf das Titelblatt und lächelte: »Das muß ein feines Buch sein. Ich lese auch gern Bücher«. Bevor ich mich zum Lesen hinsetzte, prüfte ich natürlich die Anlagen auf Bäume und Sträucher hin – alles bekannte Gestalten, was ich mit Befriedigung feststellte. Die Berührung mit Menschen befriedigt mich dagegen immer weniger; ich glaube, ich werde mich doch bald ins Anachoretentum zurückziehen, wie der hl. Antonius, aber – sans tentations mehr. Seien Sie heiter und ruhig.

Herzliche Grüße
Rosa.

Den Kindern viele Grüße.

AUS BERLIN

Postkarte.

Berlin, den 5. 8. 1916.
(Gefängnis in der Barnimstraße.)

Meine liebe kleine Sonja!

Heute, am 5. August, erhalte ich soeben Ihre beiden Briefe zusammen: den vom 11. Juli (!!) und den vom 23. Juli. Sie sehen, die Post zu mir geht länger als nach New York. Inzwischen habe ich auch die Bücher gekriegt, die Sie mir geschickt hatten und ich danke Ihnen für alles aufs herzlichste. Es tut mir sehr weh, daß ich Sie in Ihrer Lage verlassen mußte; wie gern möchte ich mit Ihnen im Feld wieder ein wenig schlendern oder im Erker in der Küche auf den Sonnenuntergang blicken .... Von Helmi hatte ich eine ausführliche Karte mit der Reisebeschreibung. Vielen, vielen Dank auch für Hoelderlin. Aber Sie müssen nicht so mit dem Geld für mich schmeißen, das ist mir eine Pein. Auch für alle guten Sachen und die Wicken herzlichen Dank. Schreiben Sie bald, dann kriege ich es vielleicht noch in diesem Monat. Ich drücke Ihnen fest und warm die Hand. Bleiben Sie tapfer und lassen Sie sich nicht niederdrücken. Ich bin in Gedanken bei Ihnen. Grüßen Sie vielmals Karl und die Kinder.

Ihre Rosa.

Pierre Loti ist wunderbar, die andern habe ich noch nicht gelesen.

AUS WRONKE

Postkarte.[3]

Wronke, 24. 8. 1916.

Liebe Sonitschka, daß ich jetzt nicht bei Ihnen sein kann! Die Sache trifft mich schwer. Aber, bitte, behalten Sie den Kopf oben, manches wird schon anders, als es jetzt aussieht. Jetzt müssen Sie aber fort – irgendwo aufs Land, ins Grüne, wo es schön ist und wo Sie Pflege finden. Es hat keinen Sinn und Zweck, daß Sie jetzt weiter hier sitzen und immer mehr herunterkommen. Bis zur letzten Instanz können wieder Wochen vergehen. Bitte, gehen Sie sobald wie irgend möglich.... Für Karl wird es sicher auch eine Erleichterung sein, wenn er Sie auf Erholung weiß. Tausend Dank für Ihre lieben Zeilen vom 10. und für die guten Gaben. Sicher werden wir nächstes Frühjahr zusammen im Feld und im Botanischen herumstreifen, ich freue mich jetzt schon darauf. Aber jetzt gehen Sie fort von hier, Sonitschka! Können Sie nicht zum Bodensee, damit Sie ein bißchen den Süden spüren!? Bevor Sie gehen, möchte ich Sie unbedingt sehen, machen Sie eine Eingabe in der Kommandantur. Schreiben Sie bald wieder eine Zeile. Bleiben Sie ruhig und heiter trotz alledem! Ich umarme Sie.

R.

Für Karl tausend herzliche Grüße.

Die beiden Karten von Helmi und Bobbi habe ich erhalten und mich sehr gefreut.

Wronke, 21. 11. 16.

Meine geliebte kleine Sonitschka,

ich erfuhr von Mathilde, daß Ihr Bruder gefallen ist, und bin ganz erschüttert von diesem Schlag, der Sie wieder traf. Was müssen Sie alles in der letzten Zeit ertragen! Und ich kann nicht einmal bei Ihnen sein, um Sie ein wenig zu erwärmen und aufzuheitern!... Auch bin ich unruhig um Ihre Mutter, wie sie dieses neue Leid ertragen wird. Das sind böse Zeiten, und wir haben alle eine lange Verlustliste im Leben zu verzeichnen. Jeder Monat kann jetzt wahrhaftig wie bei Sebastopol für ein Jahr zählen. Hoffentlich kann ich Sie recht bald sehen, ich sehne mich danach von ganzem Herzen. Wie haben Sie die Nachricht von Ihrem Bruder erhalten, durch die Mutter oder direkt? Und was hören Sie von dem anderen Bruder? Ich wollte Ihnen so gern durch die Mathilde etwas schicken, habe aber hier leider gar nichts, als das kleine bunte Tüchlein; lachen Sie's nicht aus; es sollte Ihnen nur sagen, daß ich Sie sehr liebe. Schreiben Sie bald eine Zeile, damit ich sehe, in welcher Verfassung Sie sind. Grüßen Sie tausendmal Karl. Ich umarme Sie herzlichst

Ihre Rosa.

Den Kindern viele Grüße!

Wronke, 15. 1. 17.

.... Ach, heute gab es einen Augenblick, da ich's bitter spürte. Der Pfiff der Lokomotive um 3,[19] sagte mir, daß Mathilde abdampft, und ich lief gerade wie ein Tier im Käfig den gewohnten »Spaziergang« an meiner Mauer entlang, hin und zurück, und mein Herz krampfte sich zusammen vor Schmerz, daß ich nicht auch fort von hier kann, o, nur fort von hier! Aber das macht nichts, mein Herz kriegte gleich darauf einen Klaps und mußte kuschen; es ist schon gewöhnt, zu parieren wie ein gut dressierter Hund. Reden wir nicht von mir.

Sonitschka, wissen Sie noch, was wir uns vorgenommen haben, wenn der Krieg vorbei ist? Eine Reise zusammen nach dem Süden. Und wir tun das! Ich weiß, Sie träumen davon, mit mir nach Italien zu gehen, das Ihnen das Höchste ist. Ich plane hingegen, Sie nach Korsika zu schleppen. Das ist noch mehr als Italien. Dort vergißt man Europa, wenigstens das moderne Europa. Denken Sie sich eine breite heroische Landschaft mit strengen Konturen der Berge und Täler, oben nichts als kahle Felsklumpen von edlem Grau, unten üppige Oliven, Lorbeerkirschen und uralte Kastanienbäume. Und über allem eine vorweltliche Stille – keine Menschenstimme, kein Vogelruf, nur ein Flüßchen schlickert irgendwo zwischen Steinen, oder in der Höhe raunt zwischen Felsklippen der Wind – noch derselbe, der Odysseus' Segel schwellte. Und was Sie an Menschen treffen, stimmt genau zur Landschaft. Plötzlich erscheint z. B. hinter einer Biegung des Bergpfades eine Karawane – die Korsen gehen immer hintereinander in gestreckter Karawane, nicht im Haufen wie unsere Bauern. Vorne läuft gewöhnlich ein Hund, dann schreitet langsam etwa eine Ziege oder ein mit Säcken voller Kastanien beladenes Eselchen, dann folgt ein großes Maultier, auf dem eine Frau im Profil zum Tiere mit gerade herabhängenden Beinen sitzt, ein Kind in den Armen. Sie sitzt hoch aufgerichtet, schlank wie eine Zypresse, unbeweglich; daneben schreitet ein bärtiger Mann in ruhiger fester Haltung, beide schweigen. Sie würden schwören: es ist die heilige Familie. Und solche Szenen treffen Sie dort auf jeden Schritt. Ich war jedesmal so ergriffen, daß ich unwillkürlich in die Knie sinken wollte, wie ich's immer vor vollendeter Schönheit muß. Dort ist noch die Bibel lebendig und die Antike. Wir müssen hin, und so wie ich's getan: zu Fuß die ganze Insel durchqueren, jede Nacht an einem anderen Ort ruhen, jeden Sonnenaufgang schon im Wandern begrüßen. Lockt Sie das? Ich wäre glücklich, Ihnen diese Welt vorzuführen...

Lesen Sie viel, Sie müssen auch geistig vorwärts kommen, und Sie können das – Sie sind noch frisch und biegsam. Und nun muß ich schließen. Seien Sie heiter und ruhig an diesem Tage.

Ihre Rosa.

Wronke, 18. 2. 17.

.... Seit langem hat mich nichts so erschüttert, wie der kurze Bericht Marthas über Ihren Besuch bei Karl, wie Sie ihn hinter dem Gitter fanden und wie das auf Sie wirkte. Weshalb haben Sie mir das verschwiegen? Ich habe ein Anrecht, an allem, was Ihnen weh tut, teilzunehmen, und lasse meine Besitzrechte nicht kürzen! Die Sache hat mich übrigens lebhaft an mein erstes Wiedersehen mit den Geschwistern vor 10 Jahren in der Warschauer Zitadelle erinnert. Dort wird man in einem förmlichen Doppelkäfig aus Drahtgeflecht vorgeführt, d. h. ein kleinerer Käfig steht frei in einem größeren, und durch das flimmernde Geflecht der beiden muß man sich unterhalten. Da es dazu just nach einem 6tägigen Hungerstreik war, war ich so schwach, daß mich der Rittmeister (unser Festungskommandant) ins Sprechzimmer fast tragen mußte und ich mich im Käfig mit beiden Händen am Draht festhielt, was wohl den Eindruck eines wilden Tieres im Zoo verstärkte. Der Käfig stand in einem ziemlich dunklen Winkel des Zimmers und mein Bruder drückte sein Gesicht ziemlich dicht an den Draht. »Wo bist Du?« frug er immer und wischte sich vom Zwicker die Tränen, die ihn am Sehen hinderten. – Wie gern und freudig würde ich jetzt dort im Luckauer Käfig sitzen, um es Karl abzunehmen!

Richten Sie an Pfemfert meinen herzl. Dank für den Galsworthy aus. Ich habe ihn gestern zu Ende gelesen und freue mich sehr darüber. Dieser Roman hat mir freilich viel weniger gefallen als »Der reiche Mann«, nicht trotzdem, sondern weil die soziale Tendenz dort mehr überwiegt. Im Roman schaue ich nicht nach der Tendenz, sondern nach künstlerischem Wert. Und in dieser Beziehung stört mich in den »Weltbrüdern«, daß Galsworthy zu g e i s t r e i c h ist. Das wird Sie wundern. Aber es ist derselbe Typ wie Bernard Shaw und auch wie Oskar Wilde, ein jetzt in der englischen Intelligenz wohl stark verbreiteter Typus: eines sehr gescheiten, verfeinerten, aber blasierten Menschen, der alles in der Welt mit lächelnder Skepsis betrachtet. Die feinen ironischen Bemerkungen, die Galsworthy über seine eigenen personae dramatis mit dem ernstesten Gesicht macht, lassen mich oft laut auflachen. Aber wie wirklich wohlerzogene und vornehme Menschen nie oder selten über ihre Umgebung spötteln, wenn sie auch alles Lächerliche bemerken, so ironisiert ein wirklicher Künstler nie über seine eigenen Geschöpfe. Wohlverstanden, Sonitschka, das schließt die Satyre großen Stils nicht aus! Zum Beispiel »Emanuel Quint« von Gerhart Hauptmann ist die blutigste Satyre auf die moderne Gesellschaft, die seit hundert Jahren geschrieben worden ist. Aber Hauptmann selbst grinst dabei nicht; er steht zum Schluß mit bebenden Lippen und weit offenen Augen, in denen Tränen schimmern. Galsworthy dagegen wirkt auf mich mit seinen geistreichen Zwischenbemerkungen wie ein Tischnachbar, der mir auf einer Soiree beim

Eintreten jedes neuen Gastes in den Salon eine Malice über ihn ins Ohr flüstert.....

... Heute ist wieder Sonntag, der tötlichste Tag für Gefangene und Einsame. Ich bin traurig, wünsche aber sehnlichst, daß Sie es nicht sind und Karl auch nicht. Schreiben Sie bald, wann und wohin Sie endlich zur Erholung gehen.

Ich umarme Sie herzlichst und grüße die Kinder

Ihre Rosa.

Kann Pf. mir nicht noch etwas Gutes schicken? Vielleicht etwas von Th. Mann? Ich kenne noch nichts von ihm. Noch eine Bitte: die Sonne fängt an, mich im Freien zu blenden; vielleicht schicken Sie mir im Briefcouvert 1 Meter dünnen schwarzen Schleier mit zerstreuten schwarzen Pünktchen! Vielen Dank im voraus.

Wronke, 19. 4. 17.

Ich habe mich gestern über Ihren Kartengruß herzlich gefreut, obwohl er so traurig klang. Wie möchte ich jetzt bei Ihnen sein, um Sie wieder zum Lachen zu bringen, wie damals nach Karls Verhaftung, als wir Beide – wissen Sie noch? – im Café Fürstenhof durch unsere übermütigen Lachsalven einiges Aufsehen erregten. Wie war das damals schön – trotz alledem! Unsere tägliche Jagd am frühen Morgen auf ein Automobil auf dem Potsdamer Platz, dann die Fahrt zum Gefängnis durch den blühenden Tiergarten in die stille Lehrter Straße mit den hohen Rüstern, dann auf dem Rückweg das obligate Absteigen im Fürstenhof, dann Ihr obligater Besuch bei mir in Südende, wo alles in der Maipracht stand, die gemütlichen Stunden in meiner Küche, wo Sie und Mimi am weißgedeckten Tischchen geduldig auf die Erzeugnisse meiner Kochkunst warten (wissen Sie noch die feinen haricots verts à la Parisienne?...). Zu alledem habe ich die lebhafte Erinnerung eines unveränderlich strahlenden heißen Wetters, und nur bei einem solchen hat man ja das richtige freudige Frühlingsgefühl. Dann abends meine obligaten Besuche bei Ihnen, in Ihrem lieben Zimmerchen – ich habe Sie so gern als Hausfrau, das steht Ihnen so besonders lieb, wenn Sie mit Ihrem Backfischfigürchen am Tisch stehend, Tee einschenken – und schließlich um Mitternacht unsere gegenseitige Begleiterei nach Hause durch die duftenden dunklen Straßen! Erinnern Sie sich noch der fabelhaften Mondnacht in Südende, in der ich Sie heimbegleitete und uns die Häusergiebel mit ihren schroffen schwarzen Konturen auf dem Hintergrund der süßen Himmelsbläue wie alte Ritterburgen vorkamen?

Sonjuscha, so möchte ich ständig um Sie sein, Sie zerstreuen, mit Ihnen plaudern oder schweigen, damit Sie nicht in Ihr düsteres verzweifeltes Brüten verfallen. Sie fragen in Ihrer Karte: »warum ist alles so?« Sie Kind, »so« ist eben das Leben seit jeher, alles gehört dazu: Leid und Trennung und Sehnsucht. Man muß es immer mit allem nehmen und a l l e s schön und gut finden. Ich tue es wenigstens so. Nicht durch ausgeklügelte Weisheit, sondern einfach so aus meiner Natur. Ich fühle instinktiv, daß das die einzige richtige Art ist, das Leben zu nehmen und fühle mich deshalb wirklich glücklich in jeder Lage. Ich möchte auch n i c h t s aus meinem Leben missen und nichts anders haben, als es war und ist. Wenn ich Sie doch zu dieser Lebensauffassung bringen könnte!...

Ich habe Ihnen noch nicht für das Bild Karls gedankt. Wie haben Sie mich damit erfreut! Es war wirklich das schönste Geburtstagsgeschenk, das Sie mir geben konnten. Es steht im guten Rahmen auf dem Tisch vor mir und verfolgt mich überall mit seinen Blicken (Sie wissen, es gibt Bilder, die einen anzuschauen scheinen, wo man sie auch hinstellt). Das Bild ist ausgezeichnet getroffen. Wie muß Karl sich jetzt über die Nachrichten aus Rußland freuen! Aber auch Sie persönlich haben Grund, fröhlich zu sein: nun wird ja der Reise Ihrer Mutter zu Ihnen wohl nichts im Wege stehen! Haben Sie das schon ins Auge gefaßt? Ihretwegen wünsche ich dringend Sonne und Wärme herbei. Hier steht noch alles erst in Knospen und gestern hatten wir Schneegraupen. Wie mag es wohl in meiner »südlichen Landschaft« in Südende aussehen? Voriges Jahr standen wir beide dort vor dem Gitter und Sie bewunderten die Fülle des Flors....

Sie sollen sich nicht mit Briefen abquälen. Ich will Ihnen häufig schreiben, mir genügt aber vollkommen, wenn Sie einen kurzen Gruß auf einer Postkarte schicken! Seien Sie viel im Freien, botanisieren Sie viel. Haben Sie den kleinen Blumenatlas von mir mit? Seien Sie ruhig und heiter, Liebste, alles wird gut gehen! Sie werden sehen!

Ich umarme Sie vielmals und herzlich

stets Ihre
Rosa.

Wronke, 2. 5. 17.

.... Vorigen April rief ich Euch einmal Beide, wenn Sie sich erinnern, telephonisch dringend um 10 Uhr früh in den Botanischen, um mit mir die Nachtigall zu hören, die ein ganzes Konzert gab. Wir saßen dann still versteckt im dichten Gebüsch auf Steinen an einem kleinen sickernden Wasser; nach der Nachtigall hörten wir aber plötzlich so einen eintönigen klagenden Ruf, der etwa so lautete: »Gligligligligliglick!« Ich sagte, das klinge wie irgend ein Sumpf- oder Wasservogel, und Karl stimmte dem bei, aber wir konnten absolut nicht herausfinden, wer's war. Denken Sie, denselben Klageruf hörte ich plötzlich h i e r in der Nähe vor einigen Tagen in der Frühe, so daß mir das Herz vor Ungeduld pochte, endlich zu erfahren, wer das sei. Ich hatte keine Ruhe, bis ich's heute herausfand: es ist kein Wasservogel, sondern der Wendehals, eine graue Spechtart. Er ist nur ein wenig größer als der Sperling und hat seinen Namen daher, weil er in Gefahr die Feinde durch komische Gebärden und Kopfverrenkungen zu schrecken sucht. Er lebt nur von Ameisen, die er an seiner klebrigen Zunge ansammelt, wie der Ameisenbär. Die Spanier nennen ihn deshalb Hormiguero – der Ameisenvogel. Mörike hat übrigens auf diesen Vogel ein sehr hübsches Scherzgedicht gemacht, das Hugo Wolf auch vertont hat. Mir ist, als hätte ich ein Geschenk gekriegt, seit ich weiß, wer der Vogel mit der klagenden Stimme ist. Vielleicht schreiben Sie es auch Karl, es würde ihn freuen.

Was ich lese? Hauptsächlich Naturwissenschaftliches: Pflanzengeographie und Tiergeographie. Gestern las ich gerade über die Ursache des Schwindens der Singvögel in Deutschland: es ist die zunehmende rationelle Forstkultur, Gartenkultur und der Ackerbau, die ihnen alle natürlichen Nist- und Nahrungsbedingungen: hohle Bäume, Ödland, Gestrüpp, welkes Laub auf dem Gartenboden – Schritt für Schritt vernichten. Mir war es so sehr weh, als ich das las. Nicht um den Gesang für die Menschen ist es mir, sondern das Bild des stillen unaufhaltsamen Untergangs dieser wehrlosen kleinen Geschöpfe schmerzt mich so, daß ich weinen mußte. Es erinnerte mich an ein russisches Buch von Prof. Sieber über den Untergang der Rothäute in Nordamerika, das ich noch in Zürich gelesen habe: sie werden genau so Schritt für Schritt durch die Kulturmenschen von ihrem Boden verdrängt und einem stillen grausamen Untergang preisgegeben.

Aber ich bin ja natürlich krank, daß mich jetzt alles so tief erschüttert. Oder wissen Sie? ich habe manchmal das Gefühl, ich bin kein richtiger Mensch, sondern auch irgend ein Vogel oder ein anderes Tier in Menschengestalt; innerlich fühle ich mich in so einem Stückchen Garten wie hier oder im Feld unter Hummeln und Gras viel mehr in meiner Heimat als – auf einem Parteitag. Ihnen kann ich ja wohl das alles sagen: Sie werden nicht gleich Verrat am Sozialismus wittern. Sie wissen, ich werde trotzdem hoffentlich auf dem Posten sterben: in einer Straßenschlacht oder im Zuchthaus. Aber mein innerstes Ich gehört mehr meinen Kohlmeisen als den »Genossen«. Und nicht etwa, weil ich in der Natur, wie so viele, innerlich bankerotte Politiker ein Refugium, ein Ausruhen finde. Im Gegenteil, ich finde auch in der Natur auf Schritt und Tritt so viel Grausames, daß ich sehr leide. Denken Sie z. B., daß mir das folgende kleine Erlebnis nicht aus dem Sinn kommt. Vorigen Frühling ging ich in meiner stillen leeren Straße von einem Feldspaziergang heim, als mir auf dem Boden ein dunkler kleiner Fleck auffiel. Ich bückte mich und sah ein lautloses Trauerspiel: ein großer Mistkäfer lag auf dem Rücken und wehrte sich hilflos mit den Beinen, während ein ganzer Haufen winziger Ameisen auf ihm herumwimmelten und ihn – bei lebendigem Leibe verzehrten! Mich schauerte es, ich nahm mein Taschentuch heraus und fing an, die brutalen Bestien wegzujagen. Sie waren aber so frech und hartnäckig, daß ich einen langen Kampf mit ihnen ausfechten mußte, und als ich endlich den armen Dulder befreit und weit aufs Gras gelegt hatte, waren ihm schon zwei Beine abgefressen.... Ich lief fort mit dem peinigenden Gefühl, daß ich ihm schließlich eine sehr zweifelhafte Wohltat erwiesen habe.

Jetzt gibt es schon so lange Dämmerung abends. Wie liebe ich sonst diese Stunde! In Südende hatte ich viele Amseln, hier sehe und höre ich jetzt keine. Den ganzen Winter fütterte ich ein Paar und nun ist es verschwunden. In Südende pflegte ich um diese Zeit abends in der Straße herumzuschlendern; es ist so schön, wenn noch im letzten violetten Tageslicht plötzlich die rosigen Gasflammen an den Laternen aufzucken und noch so fremd in der Dämmerung aussehen, als schämten sie sich selbst ein wenig. Durch die Straße huscht dann geschäftig die undeutliche Gestalt irgend einer verspäteten Portierfrau oder eines Dienstmädchens, die noch schnell zum Bäcker oder Krämer laufen, um etwas zu holen. Die Schusterkinder, mit denen ich befreundet bin, pflegten noch in der Straße im Dunkeln zu spielen, bis sie von der Ecke aus energisch nach Hause gerufen wurden. Um diese Stunde gab es immer noch irgend eine Amsel, die keine Ruhe finden konnte und plötzlich wie ein ungezogenes Kind kreischte oder plapperte aus dem Schlaf und geräuschvoll von einem Baum zum andern flog. Und ich stand da mitten in der Straße, zählte die ersten Sterne und mochte gar nicht heim aus der linden Luft und der Dämmerung, in der sich der Tag und die Nacht so weich aneinanderschmiegten.

Sonjuscha, ich schreibe Ihnen bald wieder. Seien Sie ruhig und heiter, alles wird gut werden, auch mit Karl. Auf Wiedersehen bis zum nächsten Brief.

Ich umarme Sie.

Ihre Rosa.

Wronke, 19. 5. 17.

.... Wie schön ist es jetzt hier! Alles grünt und blüht. Die Kastanienbäume sind in frischem herrlichen Laubschmuck, die Zierjohannisbeeren haben gelbe Sternchen, die Zierkirsche mit dem rötlichen Laub blüht auch schon und der Faulbaum wird nächstens blühen. Ich habe heute von Luise Kautsky, die mich besucht hat, zum Abschied einen Haufen Vergißmeinnicht und Stiefmütterchen gekriegt und sie selbst eingepflanzt! Zwei runde Klümbchen und eine gerade Linie dazwischen, immer abwechselnd Vergißmeinnicht und Stiefmütterchen, – alles steht so fest; ich traue kaum meinen Augen, denn ich habe zum ersten Mal im Leben gepflanzt und alles ist gleich so gelungen. Gerade zu Pfingsten werde ich so viel Blumen vor dem Fenster haben!

Vögel gibt es jetzt hier eine Menge neue, jeden Tag lerne ich wieder einen kennen, den ich nie gesehen hatte. Ach, wissen Sie noch, damals im Botanischen mit Karl in der Frühe, als wir die Nachtigall hörten, da sahen wir auch einen so großen Baum, der noch ganz ohne Laub, aber massenhaft mit kleinen leuchtend weißen Blüten bedeckt war; wir zerbrachen uns den Kopf, was denn das sei, denn es war klar, daß es kein Obstbaum war und die Blüten waren auch etwas seltsam. Jetzt weiß ich! Das ist eine Silberpappel und diese Blüten sind keine Blüten, sondern junge Blättchen. Das erwachsene Blatt der Silberpappel ist nämlich nur unten weiß, oben dunkelgrün, die jungen aber sind noch beiderseits mit weißem Flaum bedeckt und leuchten in der Sonne wie weiße Blüten. Solch eine große Pappel steht hier in meinem Gärtlein und auf ihr sitzen mit Vorliebe alle Singvögel. Damals, am gleichen Tage, wart Ihr Beide bei mir abends, erinnern Sie sich noch? Es war so schön; wir lasen uns etwas vor, und um Mitternacht, als wir stehend Abschied nahmen – durch die offene Balkontür floß himmlische Luft mit Jasminduft herein –, trug ich Euch noch jenes spanische Lied vor, das ich so gern habe:

Gepriesen sei, durch wen die Welt entstund,Wie trefflich schuf er sie nach allen Seiten,Er schuf das Meer mit endlos tiefem Grund,Er schuf die Schiffe, die hinübergleiten.Er schuf das Paradies mit ewigem Licht,Er schuf die Erde – und Dein Angesicht!....

Ach Sonitschka, wenn Sie das nicht in Wolfscher Musik gehört haben, dann wissen Sie nicht, wieviel glühende Leidenschaft in diesen schlichten zwei Schlußworten liegt.

Jetzt, während ich das schreibe, ist eine große Hummel ins Zimmer geflogen und füllt es mit tiefem Brummen. Wie schön das ist, welche tiefe Lebensfreude liegt in diesem satten Ton, der von Fleiß und Sommerhitze und Blumenduft vibriert.

Sonitschka, seien Sie heiter und schreiben Sie bald, bald, ich habe Sehnsucht.

Ihre Rosa.

Wronke, den 23. 5. 17.

... Ihr letzter Brief vom 14. war schon hier, als ich den meinigen abschickte. Ich bin sehr froh, wieder in Fühlung mit Ihnen zu sein und möchte Ihnen heute einen warmen Pfingstgruß senden! »Pfingsten, das liebliche Fest, war gekommen«, so beginnt der Goethesche Reineke Fuchs. Hoffentlich werden Sie es einigermaßen heiter verleben. Voriges Jahr haben wir ja zu Pfingsten mit Mathilde den schönen Ausflug nach Lichtenrade gemacht, wo ich die Ähren für Karl pflückte und den wundervollen Zweig mit Birkenkätzchen. Am Abend gingen wir dann noch als die »drei edlen Frauen aus Ravenna« mit Rosen in der Hand auf dem Südender Feld spazieren.... Hier blüht jetzt auch schon der Flieder, heute ist er aufgegangen; es ist so warm, daß ich mein leichtestes Mousselinkleid anziehen mußte. Trotz Sonne und Wärme sind aber meine Vöglein nach und nach fast ganz verstummt. Sie sind offenbar alle vom Brutgeschäft sehr in Anspruch genommen; die Weibchen sitzen im Nest, und die Männchen haben alle Schnabel voll zu tun, um für sich und die Gattinnen Nahrung zu suchen. Auch nisten sie wohl mehr draußen im Feld oder auf größeren Bäumen, wenigstens ist es jetzt in meinem Gärtlein still; nur hie und da schlägt kurz die Nachtigall, oder der Grünling macht seine klopfenden Tritte, oder spät abends schmettert noch einmal der Buchfink, meine Meisen lassen sich gar nicht mehr blicken. Nur einen kurzen Gruß bekam ich plötzlich gestern von weitem von einer Blaumeise, und das hat mich ganz erschüttert. Die Blaumeise ist nämlich nicht wie die Kohlmeise Standvogel, sondern sie kommt erst Ende März wieder zu uns. Sie hielt sich auch zuerst immer in der Nähe meiner Fenster, kam mit den anderen zum Fenster und sang fleißig ihr drolliges »Zizi bä«, aber so ganz gedehnt, daß es wie ungezogenes Kindernecken klang. Ich mußte jedesmal lachen und ihr ebenso antworten. Dann verschwand sie anfangs Mai mit den anderen, um irgendwo draußen zu brüten. Ich sah und hörte sie wochenlang nicht mehr. Gestern höre ich plötzlich von drüben über die Mauer, die unseren Hof von einem anderen Gefängnisterrain trennt, den bekannten Gruß, aber so ganz verändert, nur ganz kurz und eilig dreimal hintereinander »Zizi bä – Zizi bä – Zizi bä«, dann wurde es still. Mir zuckte das Herz zusammen, so viel lag in diesem eiligen, fernen Ruf, eine ganze kleine Vogelgeschichte. Das war nämlich eine Erinnerung der Blaumeise an die schöne Zeit des Liebeswerbens im Vorfrühling, wo man den ganzen Tag sang und lockte; jetzt aber heißt es den ganzen Tag fliegen und Mücken sammeln für sich und die Familie, also nur kurz eine Reminiszenz: »Ich habe keine Zeit – ach ja, es war schön – Frühling ist bald zu Ende – Zizi bä – Zizi bä – Zizi bä –! – – –« Glauben Sie mir, Sonjuscha, daß mich ein solcher kleiner Vogelruf, in dem so viel Ausdruck liegt, tief ergreifen kann. Meine Mutter, die nebst Schiller die Bibel für der höchsten Weisheit Quell hielt, glaubte steif und fest, daß König Salomo die Sprache der Vögel verstand. Ich lächelte damals mit der ganzen Überlegenheit meiner 14 Jahre und einer modernen naturwissenschaftlichen Bildung über diese mütterliche Naivität. Jetzt bin ich selbst wie König Salomo: ich verstehe auch die Sprache der Vögel und der Tiere. Natürlich nicht, als ob sie menschliche Worte gebrauchten, sondern ich verstehe die verschiedensten Nuancen und Empfindungen, die sie in ihre Laute legen. Nur dem rohen Ohr eines gleichgültigen Menschen ist ein Vogelgesang immer ein und dasselbe. Wenn man die Tiere liebt und für sie Verständnis hat, findet man große Mannigfaltigkeit des Ausdrucks, eine ganze Sprache. Auch das allgemeine Verstummen jetzt nach dem Lärm des Vorfrühlings, und ich weiß, wenn ich noch im Herbst hier bin, was aller Wahrscheinlichkeit nach der Fall sein wird, dann werden alle meine Freunde wieder zurückkehren und an meinem Fenster Futter suchen; ich freue mich schon jetzt auf die eine Kohlmeise, mit der ich besonders befreundet bin.

Sonjuscha, Sie sind erbittert über meine lange Haft und fragen: »Wie kommt es, daß Menschen über andere Menschen entscheiden dürfen. Wozu ist das alles?« Verzeihen Sie, aber ich mußte beim Lesen laut herauslachen. Bei Dostojewski, in den Brüdern Karamasoff, gibt es eine Madame Chochlakowa, die genau solche Fragen zu stellen pflegte, wobei sie ratlos von einem zum andern in der Gesellschaft herumblickte, ehe aber auch nur einer zu antworten versuchte, schon auf etwas anderes herübersprang. Mein Vöglein, die ganze Kulturgeschichte der Menschheit, die nach bescheidenen Schätzungen einige zwanzig Jahrtausende dauert, basiert auf der »Entscheidung von Menschen über andere Menschen«, was in den materiellen Lebensbedingungen tiefe Wurzeln hat. Erst eine weitere qualvolle Entwicklung vermag dies zu ändern, wir sind ja gerade jetzt Zeugen einer dieser qualvollen Kapitel, und Sie fragen, wozu das Alles? »Wozu« – – ist überhaupt kein Begriff für die Gesamtheit des Lebens und seine Formen. Wozu gibt es Blaumeisen auf der Welt? Ich weiß es wirklich nicht, aber ich freue mich, daß es welche gibt und empfinde als süßen Trost, wenn mir plötzlich über die Mauer ein eiliges Zizi bä aus der Ferne herübertönt.

Sie überschätzen übrigens meine »Abgeklärtheit«. Mein inneres Gleichgewicht und meine Glückseligkeit können leider schon beim leisesten Schatten, der auf mich fällt, aus den Fugen gehen, und ich leide dann unaussprechlich, nur daß ich die Eigentümlichkeit besitze, dann zu verstummen. Buchstäblich, Sonitschka, ich kann dann kein Wort über die Lippen bringen. Zum Beispiel in diesen letzten Tagen, ich war schon so heiter und selig, freute mich der Sonne, da erfaßte mich plötzlich am Montag ein eisiger Sturmwind, und auf einmal wandelte sich meine strahlende Heiterkeit in tiefsten Jammer. Und wenn meiner Seele Glück in Person plötzlich vor mir stände, ich brächte keinen Ton über die Lippen und könnte höchstens mit stummem Blick meine Verzweiflung klagen. Freilich komme ich selten genug in die Versuchung zu reden, ich höre ja wochenlang meine eigene Stimme nicht, dies ist übrigens der Grund, weshalb ich den heroischen Entschluß gefaßt habe, meine Mimi doch nicht herkommen zu lassen. Das Tierchen ist gewöhnt an Munterkeit und Leben, sie hat es gern, wenn ich singe, lache und mit ihr durch alle Zimmer Haschen spiele, sie würde mir ja hier trübsinnig werden. Ich lasse sie also bei Mathilde. Mathilde kommt zu mir in den nächsten Tagen und ich hoffe mich dann wieder aufzurappeln. Vielleicht wird Pfingsten auch für mich »das liebliche Fest« sein. Sonitschka, seien Sie mir heiter und ruhig, alles wird doch noch gut werden, glauben Sie mir, grüßen Sie herzlichst Karl, ich umarme Sie vielmals

Ihre Rosa.

Vielen Dank für das schöne Bildchen.

Wronke, Ende Mai 1917.

Sonjuscha, wissen Sie, wo ich bin, wo ich Ihnen diesen Brief schreibe? Im Garten! Ich habe mir ein kleines Tischchen herausgeschleppt und sitze nun versteckt zwischen grünen Sträuchern. Rechts von mir die gelbe Zierjohannisbeere, die nach Gewürznelken duftet, links ein Ligusterstrauch, über mir reichen ein Spitzahorn und ein junger, schlanker Kastanienbaum einander ihre breiten, grünen Hände, und vor mir rauscht langsam mit ihren weißen Blättern die große, ernste und milde Silberpappel. Auf dem Papier, auf dem ich schreibe, tanzen leichte Schatten der Blätter mit hellen Lichtkringeln der Sonne, und von dem regenfeuchten Laub fällt mir auf Gesicht und Hände ab und zu ein Tropfen. In der Gefängniskirche ist Gottesdienst; dumpfes Orgelspiel dringt undeutlich heraus, gedeckt vom Rauschen der Bäume und dem hellen Chor der Vögel, die heute alle munter sind; aus der Ferne ruft der Kuckuck. Wie ist es schön, wie bin ich glücklich, man spürt schon beinahe die Johannisstimmung – die volle, üppige Reife des Sommers und den Lebensrausch; kennen Sie die Szene in den Wagnerschen Meistersingern, die Volksszene, wo eine bunte Menge in die Hände klatscht: Johannistag! Johannistag! und alles plötzlich anfängt, einen Biedermeierwalzer zu tanzen? In diese Stimmung könnte man in diesen Tagen kommen. – Was habe ich alles gestern erlebt!! Das muß ich Ihnen erzählen. Vormittag fand ich im Baderaum am Fenster ein großes Pfauenauge. Es war wohl schon ein paar Tage drin und hatte sich an der harten Scheibe zu Tode mattgeflattert; es gab nur noch schwache Lebenszeichen mit den Flügeln. Als ich es bemerkte, zog ich mich zitternd vor Ungeduld wieder an, kletterte aufs Fenster und nahm es behutsam in die Hände, – es wehrte sich nicht mehr, und ich dachte, es sei wohl schon tot. Ich setzte es bei mir auf das Gesims vor dem Fenster, damit es zu sich käme, und da regte sich noch schwach das Lebensflämmchen, aber es blieb still sitzen; dann legte ich ihm vor die Fühler ein paar offene Blüten, damit es was zu essen habe; gerade sang vor dem Fenster hell und übermütig der Gartenspötter, daß es hallte; ich sagte unwillkürlich laut: hör zu, wie das Vöglein lustig singt, da muß dir doch auch das bißchen Leben zurückkehren! Ich mußte selbst lachen über diese Ansprache an das halbtote Pfauenauge und dachte mir: verlorene Worte! Aber nein – nach einer halben Stunde erholte sich das Tierchen, rutschte erst ein bißchen hin und her und flog endlich langsam fort! Wie freute ich mich über diese Rettung! Das war ein Erlebnis.

Nachmittags ging ich natürlich wieder in den Garten, in dem ich von 8 Uhr früh bis 12 bin (wo man mich zum Essen ruft) und wieder von 3 bis 6. Ich wartete auf die Sonne, ich hatte das Empfinden, sie müsse, sie m ü s s e sich noch gestern zeigen. Aber sie zeigte sich nicht, und ich wurde traurig. Ich ging im Garten umher und sah bei dem leichten Winde etwas Merkwürdiges: an der Silberpappel zerflatterten die überreifen Kätzchen und ihr Samenflaum flog rings umher, füllte die ganze Luft wie mit Schneeflocken, bedeckte die Erde und den ganzen Hof; das sah so geisterhaft aus, wie der Silberflaum herumflatterte! Die Silberpappel blüht später als alle anderen Kätzchenträger, und dank dieser üppigen Samenausstreuung verbreitet sie sich sehr weit, ihre kleinen Schößlinge sprießen wie Unkraut aus allen Ritzen an der Mauer und zwischen Steinen.

Dann wurde ich um 6, wie immer, wieder eingesperrt, saß traurig mit einem dumpfen Druck im Kopf am Fenster, denn es war schwül, und blickte hinauf, wo unter weißen, flockigen Wolken auf pastellblauem Grund in schwindelnder Höhe die Schwalben munter herumschossen und mit ihren spitzen Flügeln die Luft wie mit Scherchen zu zerschneiden schienen. Bald verdunkelte sich aber der Himmel, alles verstummte, und es gab ein Gewitter mit heftigem Platzregen und zwei krachenden Donnerschlägen, bei denen alles erbebte. Daraus folgte ein Bild, das mir unvergeßlich bleibt. Das Gewitter hatte sich bald weiter verzogen, der Himmel wurde dick einfarbig grau, eine stumpfe, fahle, gespenstische Dämmerung senkte sich plötzlich auf die Erde, es war, wie wenn dichte graue Schleier herabhingen; der Regen rieselte ganz leise und gleichmäßig auf die Blätter, das Wetterleuchten flammte einmal über das andere purpurrot in das bleierne Grau auf, und ein fernes Grollen des Donners rollte immer wieder wie letzte schwache Wellen einer Brandung heran. Und mitten in all dieser gespenstischen Stimmung schlug plötzlich vor meinem Fenster auf dem Ahorn die Nachtigall! Mitten in all dem Regen, im Wetterleuchten, im Donner schmetterte sie wie eine helle Glocke, sie sang wie berauscht, wie besessen, wollte den Donner übertönen, die Dämmerung erhellen – ich habe nie so Schönes gehört. Ihr Gesang wirkte auf dem Hintergrund des abwechselnd bleiernen und purpurnen Himmels wie leuchtendes Silbergeflimmer. Das war so geheimnisvoll, so unbegreiflich schön, und ich wiederholte unwillkürlich den letzten Vers jenes Goetheschen Gedichts: »O wärst Du da!« ...

Stets Ihre

Rosa.

Wronke, den 1. 6. 1917.

... die Orchideen überhaupt kenne ich gut; in dem wundervollen Gewächshaus in Frankfurt a. M., wo eine ganze Abteilung mit ihnen angefüllt ist, habe ich sie damals nach meinem Prozeß, wo ich das Jahr gekriegt habe, mehrere Tage fleißig studiert. Ich finde, sie haben in ihrer leichten Grazie und den phantastischen, unnatürlichen Formen etwas so Raffiniertes, Dekadentes. Sie wirken auf mich, wie die zierlichen gepuderten Marquisen des Rokoko. Ich bewundere sie mit einem inneren Widerstreben und einer gewissen Unruhe, wie meiner Natur überhaupt alles Dekadente und Perverse zuwider ist. Viel mehr Freude habe ich z. B. an dem einfachen Löwenzahn, der so viel Sonne in seiner Farbe hat und so ganz wie ich dem Sonnenschein sich voll und dankbar öffnet, beim geringsten Schatten aber wieder scheu verschließt.

Was für Abende jetzt und was für Nächte! Gestern lag ein unbeschreiblicher Zauber auf allem. Der Himmel war spät nach Sonnenuntergang von leuchtender Opalfarbe mit Streifen von unbestimmter Farbe verschmiert, ganz wie eine große Palette, auf der der Maler nach fleißiger Tagesarbeit seine Pinsel mit breiter Geste abgewischt hat, um zur Ruhe zu gehen. In der Luft lag ein bißchen Gewitterschwüle, eine leichte herzbeklemmende Spannung; die Sträucher standen völlig regungslos, die Nachtigall ließ sich nicht hören, aber der unermüdliche »Gartenspötter« mit dem schwarzen Köpfchen hupfte noch in den Ästen herum und rief schrill. Alles schien auf etwas zu warten. Ich stand am Fenster und wartete gleichfalls – weiß Gott auf was. Nach »Einschluß« um sechs habe ich ja zwischen Himmel und Erde auf nichts mehr zu warten....

Wronke, den 20. Juli 1917.

Sonitschka, mein Liebling, da mein Ableben hier sich doch länger hinzieht, als ich ursprünglich annahm, sollen Sie noch einen letzten Gruß aus Wronke kriegen. Wie konnten Sie denken, ich würde Ihnen keine Briefe mehr schreiben! In meiner Gesinnung Ihnen gegenüber hat sich nichts geändert, konnte sich nichts ändern. Ich schrieb nicht, weil ich Sie seit der Abreise von Ebenhausen im Trubel von tausenderlei Dingen wußte, zum Teil wohl auch, weil ich vorübergehend nicht in Stimmung war.

Daß es mit mir nach Breslau geht, wissen Sie wohl schon. Hier habe ich heute früh von meinem Gärtlein Abschied genommen. Das Wetter ist grau, stürmisch und regnerisch, am Himmel jagen zerfetzte Wolken, und doch habe ich meinen üblichen Frühspaziergang heute in vollen Zügen genossen. Ich nahm Abschied von dem gepflasterten, schmalen Weg an der Mauer entlang, auf dem ich nun fast neun Monate hin- und hergelaufen bin, in dem ich nun schon jeden Stein und jedes Unkräutlein, das zwischen den Steinen wächst, genau kenne. An den Pflastersteinen interessieren mich die bunten Farben: rötlich, bläulich, grün, grau. Namentlich in dem langen Winter, der so sehr auf ein bißchen lebendiges Grün warten ließ, haben meine farbenhungrigen Augen sich an den Steinen ein wenig Buntheit und Anregung zu schafften gesucht. Und jetzt im Sommer erst, da gab es zwischen den Steinen so viel Eigenartiges und Interessantes zu sehen! Hier hausen nämlich massenhaft wilde Bienen und Wespen. Sie bohren zwischen den Steinen nußgroße, runde Löcher und weiter tiefe Gänge hinein, schaffen dabei die Erde von innen an die Oberfläche und schichten sie zu ganz hübschen Häuflein auf. Drinnen legen sie ihre Eier und arbeiten Wachs und wilden Honig; es ist ein beständiges Hineinschlüpfen und Herausfliegen und ich mußte beim Spazierengehen sehr aufpassen, um die unterirdischen Wohnungen nicht zu verschütten. Dann ziehen an mehreren Stellen die Ameisen quer über den Weg gerade ihre Pfade, auf denen sie beständig hin- und herlaufen, so auffallend gradlinig, wie wenn sie den mathematischen Satz im Leibe hätten, daß die gerade Linie die kürzeste Verbindung zwischen zwei Punkten ist (was zum Beispiel primitiven Völkern völlig unbekannt ist). Dann wuchert das üppigste Unkraut an der Mauer; die einen Pflänzlein schon verblüht und in Flocken zerflatternd, die anderen unermüdlich weiter knospend. Dann gibt es eine ganze Generation junger Bäumchen, die in diesem Frühjahr, unter meinen Augen, auf der Erde mitten am Weg oder an der Mauer emporgesprossen sind; eine kleine Akazie, offenbar von einer heruntergefallenen Schote des alten Baumes heuer aufgekeimt. Mehrere kleine Silberpappeln, gleichfalls erst seit Mai auf der Welt, aber schon im üppigen Schmuck weißgrüner Blätter, die sie im Sturme zierlich wiegen, ganz wie die alten. Wievielmal habe ich ihren Weg durchmessen, wie Verschiedenes dabei innerlich erlebt und gedacht! Im strengen Winter, nach frischem Schneefall, habe ich oft erst mit meinen Füßen mir einen Pfad gebahnt, dabei begleitet von meiner geliebten, kleinen Kohlmeise, die ich im Herbst wiederzusehen hoffte und die mich nicht mehr finden wird, wenn sie an den bekannten Futterplatz am Fenster kommt. Im März, als wir mitten unter hartem Frost ein paar Tage Tauwetter kriegten, verwandelte sich mein Weg in ein Flüßchen. Ich weiß noch, wie unter dem lauen Wind sich auf der Wasserfläche kleine Wellchen kräuselten, und die Backsteine der Mauer sich darauf lebhaft und blank spiegelten, Dann kam endlich der Mai und das erste Veilchen an der Mauer, das ich Ihnen schickte.

Wie ich so heute hinüber wanderte, betrachtete und sann, summte mir im Kopf immerzu der Vers von Goethe:

»Merlin der Alte im leuchtenden Grabewo ich als Jüngling gesprochen ihn habe ...«

Sie kennen das ja weiter. Das Gedicht stand natürlich in gar keinem Zusammenhang mit meiner Stimmung und dem, was mich innerlich beschäftigte. Es war nur die Musik der Worte und der seltsame Zauber des

Gedichtes, was mich in Ruhe wiegte. Ich weiß selbst nicht, woher es kommt, daß ein schönes Gedicht, besonders Goethe, bei jeder starken Erregung oder Erschütterung auf mich so tief einwirkt. Es ist schon fast eine physiologische Wirkung, als wenn ich ein köstliches Getränk mit durstenden Lippen schlürfte, das mich innerlich kühlt und Leib und Seele gesund macht. Das Gedicht aus dem westöstlichen Divan, das Sie in Ihrem letzten Brief erwähnen, kenne ich nicht; schreiben Sie es mir bitte ab. Und noch eins möchte ich seit langem haben, das in meinem hiesigen Goethebändchen fehlt, »Blumengruß«. Das ist ein kleines Gedichtlein von vier bis sechs Zeilen, ich kenne es aus einem Wolffschen Lied, das unbeschreiblich schön ist. Namentlich der Schlußvers, etwa so:

»Ich habe sie gepflücketIn heißer Sehnsuchtsqual,Ich habe sie ans Herz gedrücket,Ach, wohl eintausendmal!«

Das klingt in der Musik so heilig, zart und keusch, wie ein Niederknien in stummer Anbetung. Aber ich weiß den Text nicht mehr und möchte ihn haben.

Gestern abend, so um neun, habe ich noch ein herrliches Schauspiel gehabt. Ich bemerkte von meinem Sofa aus in der Fensterscheibe den leuchtenden Reflex einer Rosafarbe, die mich überraschte, da der Himmel ganz grau war. Ich lief zum Fenster und blieb wie gebannt stehen. Auf dem völlig grauen Einerlei des Himmels türmte sich im Osten eine große Wolke von so überirdisch schöner rosa Farbe, so allein für sich losgelöst von allem, daß sie wie ein Lächeln aussah, wie ein Gruß aus unbekannter Ferne. Ich atmete wie befreit auf und streckte unwillkürlich beide Hände dem zauberhaften Bild entgegen. Wenn es solche Farben, solche Formen gibt, dann ist das Leben schön und lebenswert, nicht wahr? Ich sog mich mit den Blicken fest an das leuchtende Bild und verschlang jeden rosigen Strahl aus ihm, bis ich plötzlich selbst über mich auflachen mußte. Herr Gott, der Himmel und die Wolken und die ganze Schönheit des Lebens bleiben doch nicht in Wronke, daß ich von ihnen Abschied zu nehmen brauchte; nein, sie gehen mit mir fort und bleiben mit mir, wo ich auch bin und so lange ich lebe.

Bald berichte ich Ihnen von Breslau, besuchen Sie mich dort, sobald Sie können. Grüßen Sie herzlich Karl.

Ich umarme Sie vielmals. Auf Wiedersehen in meinem neunten Gefängnis.

Ihre treue

Rosa.

AUS BRESLAU

Breslau, den 2. 8. 1917.

Meine liebe Sonitschka, Ihr Brief, den ich am 28. erhielt, war die erste Nachricht, die mich hier von der Außenwelt erreichte, und Sie können sich leicht denken, wie sehr ich mich darüber freute. Meine Übersiedlung nehmen Sie, in Ihrer liebevollen Sorge um mich, entschieden zu tragisch ... Ich nehme, wie Sie wissen, alle Wendungen des Schicksals mit dem nötigen, heiteren Gleichmut hin. Ich habe mich schon hier gut eingelebt, heute sind meine Kisten mit Büchern aus Wronke angekommen, bald werden also meine zwei Zellen hier mit den Büchern und Bildchen und dem bescheidenen Zierrat, den ich sonst mit herumschleppe, wieder so anheimelnd und behaglich aussehen, wie in Wronke, und ich werde mit doppelter Lust an die Arbeit gehen. Was mir hier fehlt, ist natürlich die relative Bewegungsfreiheit, die ich dort hatte, wo die Festung den ganzen Tag offen stand, während ich hier einfach eingesperrt bin, dann die herrliche Luft, der Garten und vor allem die Vögel! Sie haben keine Ahnung, wie ich an dieser kleinen Gesellschaft hänge. Aber das alles kann man natürlich entbehren, und bald werde ich vergessen, daß ich es je besser hatte als hier. Die ganze Situation hier ist so ziemlich genau wie in der Barnimstraße, nur der hübsche, grüne Lazaretthof fehlt, in dem ich doch jeden Tag irgendeine kleine botanische oder zoologische Entdeckung machen konnte. Hier gibt es auf dem großen, gepflasterten Wirtschaftshof, der mir zum Spaziergang dient, nichts »zu entdecken«. Und ich hefte krampfhaft meine Blicke beim Wandeln auf die grauen Pflastersteine, um dem Anblick der im Hofe beschäftigten Gefangenen zu entgehen, die mir stets in ihrer diffamierenden Tracht eine Pein sind und unter denen sich immer ein paar finden, bei denen Alter, Geschlecht, individuelle Züge unter dem Stempel der tiefsten menschlichen Degradation verwischt sind, ja aber gerade durch einen schmerzlichen Magnetismus immer wieder meine Blicke anziehen. Freilich gibt es auch überall einzelne Gestalten, denen sogar die Gefängnistracht nichts anhaben kann und die ein Malerauge erfreuen würden. So entdeckte ich schon hier eine junge Arbeiterin im Hofe, deren schlanke, knappe Formen, sowie der tuchumwundene Kopf mit dem strengen Profil, direkt eine Millet-Gestalt abgäbe; es ist ein Genuß zu sehen, mit welchem Adel der Bewegungen sie Lasten schleppt, und das magere Gesicht mit der straff anliegenden Haut und dem gleichmäßig kreideweißen Teint erinnert an eine tragische Pierrotmaske. Aber gewitzigt durch traurige Erfahrungen suche ich solchen vielversprechenden Erscheinungen weit aus dem Wege zu gehen. In der Barnimstraße hatte ich nämlich auch eine Gefangene entdeckt von wahrhaft königlicher Gestalt und Haltung und dachte mir ein entsprechendes »Interieur« dazu. Dann kam sie als Kalfaktrice auf meine Station, und es zeigte sich nach zwei Tagen, daß unter dieser schönen Maske ein solches Maß von Dummheit und niedriger Gesinnung steckte, daß ich fortan die Blicke immer abwendete, wenn sie mir in den Weg lief. Ich dachte mir damals, daß die Venus von Milo am Ende nur deshalb ihre Reputation als schönste der Frauen durch Jahrhunderte hat bewahren können, weil sie schweigt. Würde sie den Mund auftun, wäre vielleicht der ganze Charme zum Teufel.

Mein vis-à-vis ist das Männergefängnis, der übliche düstere rote Backsteinbau. Aber quer über die Mauer sehe ich die grünen Baumwipfel irgendeiner Anlage; eine große Schwarzpappel, die bei stärkerem Luftzug vernehmlich rauscht und eine Reihe viel hellerer Edeleschen, die mit gelben Schotenbündeln behängt sind. Die Fenster geben auf Nordwest Aussicht, so daß ich manchmal schöne Abendwolken sehe, und Sie wissen, daß mich eine solche rosige Wolke allein entzücken und für alles entschädigen kann. In diesem Augenblicke, 8 Uhr abends (in Wirklichkeit also 7), ist die Sonne kaum hinter den Giebeln des Männergefängnisses gesunken, sie scheint noch grell durch die Glasbodenluke im Dache und der ganze Himmel leuchtet goldig. Ich fühle mich sehr wohl und muß – ich weiß selbst nicht warum – das Ave Maria von Gounod leise vor mich hinsingen (Sie kennen es wohl).

Vielen Dank für die abgeschriebenen Goethesachen. »Die berechtigten Männer« sind in der Tat schön, obschon sie mir von selbst nicht aufgefallen wären; man läßt sich ja auch manchmal die Schönheit eines Dinges suggerieren. Ich möchte Sie noch bitten, mir gelegentlich »Anakreons Grab« abzuschreiben. Kennen Sie es gut? Ich habe es natürlich erst durch Hugo Wolffsche Musik richtig verstanden; im Lied macht es geradezu einen architektonischen Eindruck; man meint einen griechischen Tempel vor sich zu sehen.

Jetzt eben – ich habe eine kleine Pause gemacht, um den Himmel zu beobachten – ist die Sonne schon viel tiefer hinter dem Gebäude versunken und hoch oben schweben – weiß Gott woher – lautlos zusammengelaufene Myriaden kleiner Wölkchen, die am Rande silbrig leuchten, in der Mitte zart grau sind und alle ihre zerfetzten Umrisse nach dem Norden steuern. Es liegt so viel Unbekümmertheit und kühles Lächeln in diesem Wolkenflug, daß ich mitlächeln muß, wie ich immer den Rhythmus des umgebenden Lebens mitmachen muß. Wie könnte man bei solchem Himmel »bös« oder kleinlich sein? Vergessen Sie bloß nie, um sich zu blicken, dann werden Sie immer wieder »gut« sein.

Daß Karl ein Buch speziell über den Vogelgesang will, wundert mich ein wenig. Für mich ist die Stimme der Vögel untrennbar von ihrem ganzen Habitus und ihrem Leben, nur das Ganze interessiert mich, nicht irgendein losgerissenes Detail. Geben Sie ihm ein gutes Buch über Tiergeographie, das wird ihm sicher viel Anregung geben. Hoffentlich kommen Sie bald zu Besuch zu mir. Sobald Sie Erlaubnis haben, telegraphieren Sie mir.

Ich umarme Sie vielmals

Ihre Rosa.

Gott, Gnade mir. 8 Seiten sinds geworden, nun, für diesmal mags hingehen. Dank für die Bücher.

Mitte November 1917.

Meine geliebte Sonitschka,

ich hoffe, bald Gelegenheit zu haben, Ihnen endlich wieder diesen Brief zu schicken, und greife mit Sehnsucht zur Feder. Wie lange mußte ich jetzt die liebe Gewohnheit entbehren, mit Ihnen wenigstens auf dem Papier zu plaudern! Aber es ging nicht, die wenigen Briefe, die ich schreiben durfte, mußte ich für Hans D. aufsparen, der ja darauf wartete. Nun ist es damit vorbei, meine zwei letzten Briefe waren schon an einen Toten geschrieben, einen habe ich schon zurückgekriegt. Unfaßbar bleibt mir die Tatsache immer noch. Doch reden wir lieber nicht darüber, ich mache solche Sachen am liebsten mit mir allein ab, und wenn man mich »schonend« auf die schlimme Nachricht vorzubereiten und durch eigenes Wehklagen »trösten« will, wie N. es tat, so irritiert mich das unsagbar. Daß mich meine nächsten Freunde immer noch so wenig kennen und so unterschätzen, daß sie nicht begreifen: das beste und feinste in solchen Fällen ist, mir schleunigst aber kurz und einfach die zwei Worte zu sagen: er ist tot – – – das kränkt mich, doch Schluß damit.

.... Wie schade um die Monate und Jahre, die jetzt vergehen und in denen wir zusammen so viel schöne Stunden verleben könnten, trotz all dem Schrecklichen, was in der Welt vorgeht. Wissen Sie, Sonitschka, je länger das dauert und je mehr das Niederträchtige und Ungeheuerliche, das jeden Tag passiert, alle Grenzen und Maße übersteigt, um so ruhiger und fester werde ich, wie man gegenüber einem Element, einem Buran, einer Wasserflut, einer Sonnenfinsternis, nicht sittliche Maßstäbe anwenden kann, sondern sie nur als etwas Gegebenes, als Gegenstand der Forschung und Erkenntnis betrachten muß.

Dies sind offenbar die objektiv einzig möglichen Wege der Geschichte und man muß ihr folgen, ohne sich an der Hauptrichtung beirren zu lassen. Ich habe das Gefühl, daß dieser ganze moralische Schlamm, durch den wir waten, dieses große Irrenhaus, in dem wir leben, auf ein Mal, so von heute auf morgen wie durch einen Zauberstab ins Gegenteil umschlagen, in ungeheuer Großes und Heldenhaftes umschlagen kann, und – – wenn der Krieg noch ein paar Jahre dauern wird – – umschlagen m u ß .... Lesen Sie mal »Les dieux ont soif« von An. France. Ich halte das Werk für so groß hauptsächlich deshalb, weil es mit genialem Blick für das Allmenschliche zeigt: Seht, aus solchen Jammergestalten und solcher alltäglichen Kleinlichkeit werden in entsprechenden Momenten der Geschichte die riesenhaftesten Ereignisse und die monumentalsten Gesten gemacht. Man muß alles im gesellschaftlichen Geschehen wie im Privatleben nehmen: ruhig, großzügig und mit einem milden Lächeln. Ich glaube fest daran, daß sich schließlich alles nach dem Kriege oder zum Schluß des Krieges zum Richtigen wendet, aber wir müssen offenbar erst durch eine Periode der schlimmsten menschlichen Leiden waten.

. . . .

Apropos, meine letzten Worte wecken in mir eine andere Vorstellung, eine Tatsache, die ich Ihnen mitteilen möchte, weil sie mir so poetisch und so rührend vorkam. Ich las neulich in einem wissenschaftlichen Werk über den Vogelzug, der ja bis jetzt ein ziemlich rätselhaftes Phänomen darstellt, daß dabei beobachtet worden ist, wie verschiedene Arten, die sich sonst als Todfeinde befehden und auffressen, friedlich nebeneinander die große Reise südwärts übers Meer machen: nach Ägypten kommen zum Winter gewaltige Scharen von Vögeln, die wie Wolken in der Höhe schwirren und den Himmel verdunkeln, und in diesen Scharen fliegen mitten unter Raubvögeln, Habichten, Adlern, Falken, Eulen, tausende von kleinen Singvögeln, wie Lerchen, Goldhähnchen, Nachtigallen, ohne jede Angst mitten unter Raubvögeln, die ihnen sonst nachstellen. Auf der Reise scheint also stillschweigend eine trève de dieu zu herrschen, alle streben dem gemeinsamen Ziel zu, und fallen halbtot vor Erschöpfung am Nil auf die Erde, um sich nach Arten und Landsmannschaften zu sondern. Ja, noch mehr, man hat beobachtet, daß auf dieser Reise »über den großen Teich« große Vögel viele kleine auf ihrem Rücken transportieren, so hat man Scharen von Kranichen vorüberziehen sehen, auf deren Rücken winzige Zugvögelchen lustig zwitscherten! Ist das nicht reizend?

..... Ich habe neulich in einer sonst geschmacklosen und kunterbunten Sammlung von Gedichten eins von Hugo v. Hoffmannsthal entdeckt.[4] Ich mag ihn sonst gar nicht, finde ihn gesucht, raffiniert, unklar, ich verstehe ihn einfach gar nicht. Dieses Gedicht aber gefiel mir sehr und hat auf mich einen starken poetischen Eindruck gemacht. Ich lege es Ihnen anbei, vielleicht macht es Ihnen auch Vergnügen.

Ich bin jetzt tief in der Geologie. Sie wird Ihnen wohl als eine sehr trockene Wissenschaft vorkommen, das ist aber ein Irrtum. Ich lese sie mit fieberhaftem Interesse und leidenschaftlicher Befriedigung, sie erweitert kolossal den geistigen Horizont und verschafft eine so einheitliche allumfassende Vorstellung von der Natur, wie keine Wissenschaft es vermag.

Ich möchte Ihnen eine Menge davon erzählen, aber dazu müßten wir uns s p r e c h e n können, zusammen an einem Vormittag am Südender Feld schlendern oder einander an einer stillen Mondnacht ein paarmal gegenseitig nach Hause hinüber begleiten. Was lesen Sie? Wie stehts mit der Lessing-Legende? Ich will von Ihnen alles wissen! Schreiben Sie – wenn es geht – s o f o r t auf demselben Wege, oder wenigstens auf dem offiziellen Wege, ohne diesen Brief zu erwähnen. Ich zähle auch schon im stillen die Wochen, bis ich Sie wieder hier sehen werde. Das wird doch wohl bald nach Neujahr sein, nicht wahr?

Was schreibt Karl? Wann werden Sie ihn wieder sehen? Grüßen Sie ihn tausendmal von mir. Ich umarme Sie und drücke Ihnen fest die Hand, meine liebe, liebe Sonitschka! Schreiben Sie bald und viel.

Ihre Rosa.

Breslau, 24. 11. 17.

... Sie irren sich, daß ich von vornherein gegen die modernen Dichter bin. Vor etwa 15 Jahren habe ich Dehmel mit Begeisterung gelesen – irgendeine Prosasache von ihm – am Sterbelager einer geliebten Frau – ich habe eine dunkle Erinnerung – hat mich entzückt. Arno Holz' Phantasus kann ich jetzt noch auswendig. Johann Schlaf's »Frühling« hat mich damals hingerissen. Dann bin ich abgekommen und zu Goethe und Mörike zurückgekehrt, Hoffmannsthal verstehe ich nicht, George kenn ich nicht. Es ist wahr: ich fürchte bei ihnen allen ein wenig die meisterhafte vollendete Beherrschung der Form, des poetischen Ausdrucksmittels und das Fehlen einer großen, edlen Weltanschauung dabei. Dieser Zwiespalt klingt mir so hohl in der Seele, daß mir dadurch die schöne Form zur Fratze wird. Sie geben gewöhnlich wunderbare Stimmungen wieder. Aber Stimmungen machen noch keinen Menschen.

Sonitschka, es sind so zauberhafte Abende jetzt, wie im Frühling. Ich gehe um 4 Uhr herunter in den Hof, es dämmert schon, dann sehe ich die scheußliche Umgebung in geheimnisvolle Schleier der Dunkelheit gehüllt, dafür leuchtet in heller Bläue der Himmel und ein silberner, klarer Mond schwimmt darauf. Um diese Stunde ziehen jeden Tag quer über dem Hof hoch oben Hunderte von Krähen im lockeren, weiten Band nach den Feldern hinaus, zu ihrem »Schlafbaum«, wo sie zur Nacht rasten. Sie ziehen mit gemächlichem Flügelschlag und tauschen merkwürdige Rufe aus – ganz anders als das scharfe »krah«, mit dem sie bei Tag raubgierig nach Beute jagen. Jetzt klingt das gedämpft und weich, ein tiefer Kehllaut, der auf mich wirkt wie eine kleine Metallkugel. Und wenn mehrere abwechselnd dieses »kau–kau« gurgelnd ausstoßen, ist mir, als ob sie spielend einander Metallkügelchen zuwerfen, die in der Luft im Bogen schweben. Es ist ein richtiges Geplauder von dem Erleben »vom Tage, vom heute gewesenen

Tage« ... Sie kommen mir so ernst und wichtig vor, wie sie so jeden Abend ihrer Sitte und vorgezeichneten Bahn folgen, ich empfinde wie Ehrfurcht für diese großen Vögel, denen ich mit gehobenem Kopf nachschaue, bis zum letzten. Dann wandle ich in der Dunkelheit hin und her und sehe die Gefangenen, die eilig ihre Arbeiten noch im Hofe verrichten, wie undeutliche Schatten herumhuschen und freue mich, daß ich selbst unsichtbar bin – so allein, so frei mit meinen Träumereien und den verstohlenen Grüßen zwischen mir und dem Krähenzug droben – mir ist so wohl bei dem linden, frühlingsmäßigen Luftzug. Dann gehen die Gefangenen mit den schweren Kesseln (Abendsuppe!) durch den Hof ins Haus, zwei und zwei, marschmäßig, zehn Paar hintereinander; ich folge als letzte; im Hof, in den Wirtschaftsgebäuden verlöschen allmählich die Lichter, ich trete ins Haus und die Türen werden zweimal verschlossen und zugeriegelt – der Tag ist aus. Ich fühle mich so wohl, trotz des Schmerzes um Hans (Dr. Hans Dieffenbach, einer der besten Freunde R. L., ist im Kriege gefallen. Die Herausgeber). Ich lebe nämlich in einer Traumwelt, in der er gar nicht gestorben ist. Für mich lebt er weiter und ich lächle ihm oft zu, wenn ich an ihn denke.

Sonitschka, leben Sie wohl. Ich freue mich so auf Ihr Kommen. Schreiben Sie bald wieder – vorläufig offiziell – das geht ja auch – und dann durch Gelegenheit.

Ich umarme Sie.

Ihre Rosa.

Breslau, Mitte Dezember 1917.

... Jetzt ist es ein Jahr, daß Karl in Luckau sitzt. Ich habe in diesem Monat oft daran gedacht und genau vor einem Jahr waren Sie bei mir in Wronke, haben mir den schönen Weihnachtsbaum beschert ... Heuer habe ich mir hier einen besorgen lassen, aber man brachte mir einen ganz schäbigen, mit fehlenden Ästen – kein Vergleich mit dem vorjährigen. Ich weiß nicht, wie ich darauf die acht Lichtlein anbringe, die ich erstanden habe. Es ist mein drittes Weihnachten im Kittchen, aber nehmen Sie es ja nicht tragisch. Ich bin so ruhig und heiter wie immer. Gestern lag ich lange wach – ich kann jetzt nie vor ein Uhr einschlafen, muß aber schon um zehn ins Bett – dann träume ich verschiedenes im Dunkeln. Gestern dachte ich also: Wie merkwürdig das ist, daß ich ständig in einem freudigen Rausch lebe – ohne jeden besonderen Grund. So liege ich zum Beispiel hier in der dunklen Zelle auf einer steinharten Matratze, um mich im Hause herrscht die übliche Kirchhofsstille, man kommt sich vor wie im Grabe; vom Fenster her zeichnet sich auf der Decke der Reflex der Laterne, die vor dem Gefängnis die ganze Nacht brennt. Von Zeit zu Zeit hört man nur ganz dumpf das ferne Rattern eines vorbeigehenden Eisenbahnzuges oder ganz in der Nähe unter den Fenstern das Räuspern der Schildwache, die in ihren schweren Stiefeln ein paar Schritte langsam macht, um die steifen Beine zu bewegen. Der Sand knirscht so hoffnungslos unter diesen Schritten, daß die ganze Öde und Ausweglosigkeit des Daseins daraus klingt in die feuchte dunkle Nacht. Da liege ich still allein, gewickelt in diese vielfachen schwarzen Tücher der Finsternis, Langeweile, Unfreiheit, des Winters – und dabei klopft mein Herz von einer unbegreiflichen, unbekannten inneren Freude, wie wenn ich im strahlenden Sonnenschein über eine blühende Wiese gehen würde. Und ich lächle im Dunkeln dem Leben, wie wenn ich irgendein zauberhaftes Geheimnis wüßte, das alles Böse und Traurige Lügen straft und in lauter Helligkeit und Glück wandelt. Und dabei suche ich selbst nach einem Grund zu dieser Freude, finde nichts und muß wieder lächeln über mich selbst. Ich glaube, das Geheimnis ist nichts anderes, als das Leben selbst; die tiefe nächtliche Finsternis ist so schön und weich wie Sammet, wenn man nur richtig schaut. Und in dem Knirschen des feuchten Sandes unter den langsamen schweren Schritten der Schildwache singt auch ein kleines schönes Lied vom Leben – wenn man nur richtig zu hören weiß. In solchen Augenblicken denke ich an Sie und möchte Ihnen so gern diesen Zauberschlüssel mitteilen, damit Sie immer, und in allen Lagen das Schöne und Freudige des Lebens wahrnehmen, damit Sie auch im Rausch leben und wie über eine bunte Wiese gehen. Ich denke ja nicht daran, Sie mit Asketentum, mit eingebildeten Freuden abzuspeisen. Ich gönne Ihnen alle reellen Sinnesfreuden. Ich möchte Ihnen nur noch dazu meine unerschöpfliche innere Heiterkeit geben, damit ich um Sie ruhig bin, daß Sie in einem sternbestickten Mantel durchs Leben gehen, der Sie vor allem Kleinen, Trivialen und Beängstigenden schützt.

Sie haben im Steglitzer Park einen schönen Strauß aus schwarzen und rosavioletten Beeren gepflückt. Für die schwarzen Beeren kommen in Betracht entweder Hollunder – seine Beeren hängen in schweren dichten Trauben zwischen großen gefiederten Blattwedeln, sicher kennen Sie sie, oder, wahrscheinlicher, Liguster; schlanke zierliche aufrechte Rispen von Beeren und schmale, längliche grüne Blättchen. Die rosigvioletten unter kleinen Blättchen versteckten Beeren können die der Zwergmispel sein; sie sind zwar eigentlich rot, aber in dieser späten Jahreszeit ein bißchen schon überreif und angefault, erscheinen sie oft violettrötlich; die Blättchen sehen der Myrthe ähnlich, klein, spitz am Ende, dunkelgrün und lederig oben, unten rauh.

Sonjuscha, kennen Sie Platens: »Verhängnisvolle Gabel?« Könnten Sie es mir schicken oder bringen? Karl hat einmal erwähnt, daß er sie zu Hause gelesen hat. Die Gedichte Georges sind schön; jetzt weiß ich, woher der Vers: »Und unterm Rauschen rötlichen Getreides!« ... stammt, den Sie gewöhnlich hersagten, wenn wir im Felde spazieren gingen. Können Sie mir gelegentlich den neuen »Amadis« abschreiben, ich liebe das Gedicht so sehr – natürlich dank Hugo Wolffs Lied – habe es aber nicht hier. Lesen Sie weiter die Lessing-Legende? Ich habe wieder zu Langes Geschichte des Materialismus gegriffen, die mich stets anregt und erfrischt. Ich möchte so sehr, daß Sie sie mal lesen.

Ach, Sonitschka, ich habe hier einen scharfen Schmerz erlebt; auf dem Hof, wo ich spaziere, kommen oft Wagen vom Militär, voll bepackt mit Säcken oder alten Soldatenröcken und Hemden, oft mit Blutflecken ..., die werden hier abgeladen, in die Zellen verteilt, geflickt, dann wieder aufgeladen und ans Militär abgeliefert. Neulich kam so ein Wagen, bespannt, statt mit Pferden, mit Büffeln. Ich sah die Tiere zum ersten Mal in der Nähe. Sie sind kräftiger und breiter gebaut als unsere Rinder, mit flachen Köpfen und flach abgebogenen Hörnern, die Schädel also unseren Schafen ähnlicher, ganz schwarz mit großen sanften Augen. Sie stammen aus Rumänien, sind Kriegstrophäen ... die Soldaten, die den Wagen führen, erzählen, daß es sehr mühsam war, diese wilden Tiere zu fangen und noch schwerer, sie, die an die Freiheit gewöhnt waren, zum Lastdienst zu benutzen. Sie wurden furchtbar geprügelt, bis daß für sie das Wort gilt »vae victis« ... An hundert Stück der Tiere sollen in Breslau allein sein; dazu bekommen sie, die an die üppige rumänische Weide gewöhnt waren, elendes und karges Futter. Sie werden schonungslos ausgenutzt, um alle möglichen Lastwagen zu schleppen und gehen dabei rasch zugrunde. – Vor einigen Tagen kam also ein Wagen mit Säcken hereingefahren, die Last war so hoch aufgetürmt, daß die Büffel nicht über die Schwelle bei der Toreinfahrt konnten. Der begleitende Soldat, ein brutaler Kerl, fing an, derart auf die Tiere mit dem dicken Ende des Peitschenstieles loszuschlagen, daß die Aufseherin ihn empört zur Rede stellte, ob er denn kein Mitleid mit den Tieren hätte! »Mit uns Menschen hat auch niemand Mitleid«, antwortete er mit bösem Lächeln und hieb noch kräftiger ein ... Die Tiere zogen schließlich an und kamen über den Berg, aber eins blutete ... Sonitschka, die Büffelhaut ist sprichwörtlich an Dicke und Zähigkeit, und die war zerrissen. Die Tiere standen dann beim Abladen ganz still erschöpft und eins, das, welches blutete, schaute dabei vor sich hin mit einem Ausdruck in dem schwarzen Gesicht und den sanften schwarzen Augen, wie ein verweintes Kind. Es war direkt der Ausdruck eines Kindes, das hart bestraft worden ist und nicht weiß, wofür, weshalb, nicht weiß, wie es der Qual und der rohen Gewalt entgehen soll ... ich stand davor und das Tier blickte mich an, mir rannen die Tränen herunter – es waren s e i n e Tränen, man kann um den liebsten Bruder nicht schmerzlicher zucken, als ich in meiner Ohnmacht um dieses stille Leid zuckte. Wie weit, wie unerreichbar, verloren die freien, saftigen, grünen Weiden Rumäniens! Wie anders schien dort die Sonne, blies der Wind, wie anders waren die schönen Laute der Vögel oder das melodische Rufen der Hirten. Und hier – diese fremde schaurige Stadt, der dumpfe Stall, das ekelerregende, muffige Heu mit faulem Stroh gemischt, die fremden furchtbaren Menschen, und – die Schläge, das Blut, das aus der frischen Wunde rinnt ... O, mein armer Büffel, mein armer, geliebter Bruder, wir stehen hier beide so ohnmächtig und stumpf und sind nur eins in Schmerz, in Ohnmacht, in Sehnsucht. – Derweil tummelten sich die Gefangenen geschäftig um den Wagen, luden die schweren Säcke ab und schleppten sie ins Haus; der Soldat aber steckte beide Hände in die Hosentaschen, spazierte mit großen Schritten über den Hof, lächelte und pfiff leise einen Gassenhauer. Und der ganze herrliche Krieg zog an mir vorbei ...

Schreiben Sie schnell, ich umarme Sie, Sonitschka.

Ihre Rosa.

Sonjuscha, Liebste, seien Sie trotz alledem ruhig und heiter. So ist das Leben und so muß man es nehmen, tapfer, unverzagt und lächelnd – trotz alledem.

Breslau, den 14. 1. 1918.

Meine liebste Sonitschka, wie lange habe ich Ihnen nicht geschrieben! Ich glaube, es sind Monate her. Und auch heute weiß ich nicht einmal, ob Sie schon in Berlin sind, will aber hoffen, daß diese Zeilen Sie noch rechtzeitig zu Ihrem Geburtstag erreichen. Ich bat Mathilde, Ihnen von mir einen Orchideenstrauß zu schicken, nun liegt die Ärmste im Krankenhaus und wird wohl kaum meinen Auftrag ausführen können. Doch Sie wissen, daß ich in Gedanken und mit ganzem Herzen bei Ihnen bin und Sie an Ihrem Geburtstage ganz mit Blumen umgeben möchte: mit lila Orchideen, mit weißen Iris, mit stark duftenden Hyazinthen, mit allem, was zu haben ist. Vielleicht wird es mir wenigstens im nächsten Jahr[5] vergönnt sein, Ihnen an diesem Tage selbst Blumen zu bringen und mit Ihnen zusammen einen Spaziergang im Botanischen Garten und im Feld zu machen. Wie herrlich wäre das! Heute haben wir hier 0 Grad. Zugleich aber liegt in der Luft ein so linder erfrischender Frühlingshauch und oben schimmert zwischen dicken milchweißen Wolken ein so tiefer blauer Himmel, dazu schilpen die Spatzen ganz fröhlich, man könnte denken, es sei Ende März. Ich freue mich schon so auf den Frühling, das Einzige, was man nie satt kriegt, so lange man lebt, was man im Gegenteil mit jedem Jahr mehr zu würdigen und zu lieben versteht. Wissen Sie, Sonitschka, daß der Anfang des Frühlings in der organischen Welt, d. h. das Erwachen zum Leben j e t z t beginnt, Anfang Januar, ohne auf den Kalenderfrühling zu warten. Während nämlich nach dem Kalender erst der Winter beginnt, befinden wir uns in der größten, astronomischen Sonnennähe, und dies hat eine so geheimnisvolle Wirkung auf alles Leben, daß auch auf unserer nördlichen Halbkugel, die in Winterschnee eingehüllt ist, zu Beginn des Januar wie mit einem Zauberstab die Pflanzen- und Tierwelt erweckt wird. Die Knospen fangen jetzt an zu treiben, viele Tiere fangen die Fortpflanzung schon an. Neulich las ich bei Francé die Beobachtung, daß die hervorragendsten, wissenschaftlichen und literarischen Produktionen berühmter Männer in die Monate Januar-Februar fallen. Auch im Menschenleben soll also die Sonnenwende nach Weihnachten ein kritischer Moment sein und einen neuen Zustrom aller Lebenskräfte verursachen. Auch Sie, Sonitschka, sind so ein frühes Blümchen, das noch mitten im Schnee und Eis aufgesprossen ist und deshalb sein Lebenlang ein bißchen fröstelt, sich im Leben nicht heimisch fühlt und zarte Treibhauspflege braucht.

Über Ihren Rodin zu Weihnachten habe ich mich mächtig gefreut und hätte Ihnen gleich gedankt, wenn mir Mathilde nicht gesagt hätte, daß Sie in Frankfurt sind. Was mich besonders angenehm berührt hat, ist der Natursinn Rodins, seine Ehrfurcht vor jedem Gräslein im Felde. Das muß ein Prachtmensch gewesen sein: offen, natürlich, überströmend von innerer Wärme und Intelligenz; er erinnert mich entschieden an Jaurès. Mögen Sie meinen Broodcoorens? Oder kannten Sie ihn schon? Mich hatte dieser Roman sehr ergriffen; namentlich die landschaftlichen Schilderungen sind von höchster poetischer Kraft. Dem Broodcoorens scheint offenbar, genau wie dem De Coster, daß »über dem Lande Flandern« die Sonne viel herrlicher auf- und untergeht als über der sonstigen Erde. Ich finde, daß die Flamen alle in ihr Ländchen förmlich verliebt sind, sie beschreiben es nicht wie ein Stück schöne Erde, sondern wie eine strahlende junge Braut. Und auch in dem düster-tragischen Ende finde ich eine Verwandtschaft der Farben mit den grandiosen Bildern im Till Eulenspiegel, z. B. mit der Demolierung des öffentlichen Hauses. Finden Sie nicht auch, daß diese Bücher im Kolorit ganz an Rembrandt erinnern: das Dunkle der ganzen Bilder, gemischt mit einem funkelnden Altgoldton; der verblüffendste Realismus aller Details und doch das Ganze in eine märchenhafte Phantasieregion entrückt.

Im »Berl. Tageblatt« las ich, daß im Friedrich-Museum ein neuer großer Tizian hängt. Haben Sie ihn schon besucht? Ich gestehe, daß Tizian eigentlich nicht mein Freund ist, er ist mir zu geleckt und kalt, zu virtuos – verzeihen Sie, wenn das vielleicht eine Majestätsbeleidigung ist, aber ich kann nicht anders als meiner unmittelbaren Empfindung folgen. Trotzdem wäre ich glücklich, wenn ich jetzt ins Friedrich-Museum könnte, um den neuen Gast zu besichtigen. Haben Sie auch den Kaufmannschen Nachlaß gesehen, von dem man so viel Wesens gemacht hat?

Meine Lektüre sind jetzt verschiedene ältere Studien über Shakespeare aus den 60er und 70er Jahren, als man noch in Deutschland lebhaft über das Problem Shakespeare debattierte. Könnten Sie mir nicht aus der Kgl. Bibliothek oder aus der Reichstagsbibliothek beschaffen: Klein, Geschichte des italienischen Dramas; Schack, Geschichte der dramatischen Literatur in Spanien; Gervinus und Ulrici über Shakespeare? Wie stehen Sie selbst zu

Shakespeare? Schreiben Sie bald! Ich umarme Sie und drücke Ihnen warm die Hand. Seien Sie ruhig und heiter, trotz alledem. Liebste Sonitschka, auf Wiedersehen!

Wann wollen Sie kommen?!

Sonjuscha, wollen Sie mir die Liebe tun: schicken Sie der Mathilde J. Hyazinthen von mir. Ich erstatte es Ihnen, wenn Sie hier sind.

Ihre Rosa.

Breslau, den 24. 3. 1918.

Meine geliebte Sonitschka, wie lange habe ich Ihnen nicht mehr geschrieben und wie oft habe ich in dieser Zeit an Sie gedacht! Die »Zeitläufte« benehmen sogar mir zeitweilig die Lust zum Schreiben.... Wenn man jetzt zusammensein und, im Feld schlendernd, de omnibus rebus plaudern könnte, wäre es eine Wohltat, aber darauf ist gar keine Aussicht zur Zeit. Meine Beschwerde ist mit gründlicher Schilderung meiner Schlechtigkeit und Unverbesserlichkeit abgewiesen und ein Antrag, wenigstens auf kurzen Urlaub, desgleichen. Ich muß also wohl warten, bis wir die ganze Welt besiegen.

Sonjuscha, wenn ich längere Zeit von Ihnen keine Nachricht habe, lebe ich in dem Gefühl, daß Sie dort einsam, unruhig, verdrossen und verzweifelt herumflattern, wie ein vom Baume losgelöstes Blatt im Winde, und das tut mir sehr weh. Schauen Sie, jetzt beginnt wieder der Frühling, die Tage werden schon so hell und lang, und im Feld gibt es sicherlich schon viel zu sehen und zu hören! Gehen Sie doch viel hinaus, der Himmel ist jetzt so interessant und mannigfaltig mit den jagenden unruhigen Wolken, die noch nackte Kalkerde muß in dieser wechselnden Beleuchtung schön sein. Sehen Sie sich für mich an alledem satt.... Es ist das Einzige, was man nie im Leben überkriegt, was stets denselben Reiz der Neuheit hat und einem immer treu bleibt. Sie müssen auch unbedingt für mich in den Botanischen Garten gehen, um mir genau über etwas zu berichten. Es geht nämlich in diesem Frühjahr etwas Merkwürdiges vor. Die Vögel sind alle um 1–1½ Monate zu früh angekommen. Die Nachtigall war schon am 10. März hier, der Wendehals, der erst Ende April kommt, lachte schon am 15. und sogar der Pirol, den man den »Pfingstvogel« nennt und der nie vor Mai kommt, flötet hier schon seit einer Woche vor Sonnenaufgang im Morgengrauen! Ich höre sie alle von weitem aus der Anlage des Irrenhauses. Ich weiß mir diesen verfrühten Heimgang gar nicht zu deuten und möchte wissen, ob dasselbe anderswo zu beobachten ist oder nur auf die Wirkung des hiesigen Irrenhauses zurückzuführen ist. Gehen Sie also in den Botanischen, Sonitschka, aber so in den Mittagsstunden bei sonnigem Tag, und belauschen Sie alles, um mir zu berichten. Das ist mir ja, neben dem Ausgang der

Schlacht bei Cambrai, das Wichtigste auf Erden, eine wahre Herzensangelegenheit.

Wie schön sind die Bilder, die Sie mir schickten! Von Rembrandt braucht man ja kein Wort zu sagen. Bei Tizian war ich von dem Pferd noch mehr überwältigt als von dem Reiter; so viel wahrhaft königliche Macht und Vornehmheit in einem Tier ausgedrückt, hätte ich nicht für möglich gehalten, Aber das aller-, allerschönste ist das Frauenbildnis von Bartolomeo da Venezia (den ich übrigens gar nicht kannte). Welcher Rausch in den Farben, welche Feinheit der Zeichnung, welcher geheimnisvolle Zauber des Ausdrucks! Sie erinnert mich darin in irgendeiner unbestimmten Weise an die Mona Lisa. Sie haben mir mit diesen Bildern eine Fülle der Freude und des Lichts in die Zelle gebracht.

Das Buch von Hänschen (Hans Dieffenbach. Die Herausgeber) müssen Sie natürlich behalten; es schmerzt mich, daß alle seine Bücher nicht in u n s e r e Hände kommen. Ich hätte sie Ihnen lieber als sonst wem gegeben. Haben Sie den Shakespeare einigermaßen zur Zeit erhalten? Was schreibt Karl, wann sehen Sie ihn wieder? Grüßen Sie ihn tausendmal von mir und sagen Sie ihm von mir: Ça ira – trotz alledem. Und seien Sie frisch und munter, freuen Sie sich über den Frühling: den nächsten werden wir schon zusammen verleben. Ich umarme Sie, Liebste. Fröhliche Ostern! Auch den Kindern viele Grüße!

Ihre Rosa.

Breslau, 2. 5. 18.

... Ich habe den Candide und die Gräfin Ulfeldt gelesen und mich über beides gefreut. Candide ist eine so köstliche Ausgabe, daß ich es nicht übers Herz bringen konnte, das Buch aufzuschneiden und es so gelesen habe; da es in halben Bogen gefaßt ist, ging das sehr gut. Diese boshafte Zusammenstellung aller menschlichen Erbärmlichkeiten hätte auf mich vor dem Kriege wahrscheinlich den Eindruck eines Zerrbildes gemacht, jetzt wirkt sie durchaus realistisch ... Zum Schluß erfuhr ich endlich, woher die Redensart stammt: »mais il faut cultiver notre jardin«, die ich selbst schon gelegentlich gebrauchte. Die Gräfin Ulfeldt ist ein interessantes Kulturdokument, eine Ergänzung Grimmelshausens.... Was machen Sie? Genießen Sie nicht den herrlichen Frühling?

Stets Ihre

Rosa.

Breslau, den 12. 5. 1918.

Sonitschka, Ihr Brieflein hat mich so erfreut, daß ich es gleich beantworten will. Sehen Sie, wieviel Genuß und Begeisterung Ihnen ein

Besuch im Botanischen Garten verschafft! Warum gönnen Sie sich das nicht öfters?! Und auch ich habe etwas davon, wenn Sie mir Ihre Eindrücke gleich so warm und farbenreich schildern, ich versichere Sie! Ja, ich kenne die wunderbaren, rubinroten Kätzchen der blühenden Fichte. Sie sind so unwahrscheinlich schön, wie übrigens das meiste andere, wenn es in voller Blüte steht, daß man jedesmal den eigenen Augen nicht traut. Diese roten Kätzchen sind weibliche Blüten, aus denen dann die großen, schweren Zapfen werden, die sich umdrehen und nach unten hängen; daneben gibt es unscheinbare, fahlgelbe, männliche Kätzchen der Fichte, die den goldigen Staub verbreiten, – »Pettoria« kenne ich nicht, Sie schreiben eine Akazienart. Meinen Sie, daß sie ähnlich gefiederte Blättchen und Schmetterlingsblüten hat, wie die sogenannte »Akazie«? Sie wissen wahrscheinlich, daß der Baum, den man so landläufig nennt, gar keine Akazie sondern »R o b i n i a « ist; eine wirkliche Akazie ist z. B. die Mimose; diese blüht allerdings schwefelgelb und duftet berauschend, aber ich kann mir nicht denken, daß sie im Freien in Berlin wächst, da es eine tropische Pflanze ist. In Ajaccio auf Korsika sah ich im Dezember auf dem Platz in der Stadt herrlich blühende Mimosen, riesige Bäume ... Hier kann ich leider nur von weitem aus meinem Fenster das Grünen der Bäume beobachten, deren Spitzen ich über der Mauer sehe; ich suche meist nach dem Habitus und dem Farbenton die Baumarten zu erraten und, wie es scheint, meist richtig. Neulich wurde hier ein gefundener, abgebrochener Ast ins Haus gebracht, und hat durch sein bizarres Aussehen allgemeine Aufregung hervorgerufen; jedermann frug, was das sei. Es war eine Rüster (Ulme); erinnern Sie sich noch, wie ich sie Ihnen zeigte in der Straße in meinem Südende, vollbeladen mit duftigen Paketen der fahl-rosig-grünlichen Früchtchen; es war auch im Mai, und Sie waren ganz hingerissen von dem phantastischen Anblick. Hier wohnen die Leute jahrzehntelang in der Straße, die mit Rüstern bepflanzt ist, und haben noch nicht »bemerkt«, wie eine blühende Rüster aussieht.... Und derselbe Stumpfsinn ist ja allgemein Tieren gegenüber. Die meisten Städter sind doch wirklich rohe Barbaren, im Grunde genommen....

Bei mir nimmt, umgekehrt, das innere Verwachsen mit der organischen Natur – en defrit de l'humanité – beinahe krankhafte Formen an, was wohl mit meinem Nervenzustand zusammenhängt. Da unten hat ein Paar Haubenlerchen ein Junges ausgebrütet – die übrigen drei sind wohl kaputt gegangen. Und dieses eine kann schon sehr gut laufen – Sie haben vielleicht bemerkt, wie drollig die Haubenlerchen laufen, mit kleinen behenden Schrittchen, trippelnd, wie der Spatz mit beiden Beinchen hüpfend, es kann auch schon gut fliegen, findet wohl aber noch nicht selbst genug Nahrung: Insekten, Räupchen usw. – zumal bei diesen kalten Tagen. So erscheint es jeden Abend unten im Hof vor meinem Fenster und piept ganz laut, schrill und kläglich, worauf auch gleich die beiden Alten erscheinen und mit ängstlichem, bekümmerten »Huid–huid« halblaut Antwort geben, dann schnell herumlaufen, verzweifelt suchend, um noch in der Dämmerung und Kälte etwas Eßbares zu finden, und dann kommen sie an den klagenden Balg heran und stecken ihm das Gefundene in den Schnabel. Das wiederholt sich jetzt jeden Abend um ½9 Uhr, und wenn dies schrille, klagende Piepen unter meinem Fenster beginnt, und ich die Unruhe und Sorge der beiden kleinen Eltern sehe, bekomme ich buchstäblich einen Herzkrampf. Dabei kann ich nichts helfen, denn die Haubenlerchen sind sehr scheu, und wenn man ihnen Brot hinwirft, fliegen sie weg, nicht so wie die Tauben und Spatzen, die mir schon wie Hunde nachlaufen. Ich sage mir vergeblich, daß es lächerlich ist, daß ich ja nicht für alle hungrigen Haubenlerchen der Welt verantwortlich bin und nicht um alle geschlagenen Büffel – wie die, die hier täglich mit Säcken in den Hof kommen – weinen kann. Das hilft mir nichts und ich bin förmlich krank, wenn ich solches höre und sehe. Und wenn der Star, der bis zum Überdruß den ganzen, lieben Tag, irgendwo in der Nähe sein aufgeregtes Geschwätz wiederholt, wenn er für einige Tage verstummt, habe ich wieder keine Ruhe, daß ihm was Böses zugestoßen sein mag und warte gequält, daß er seinen Unsinn nur weiter pfeift, damit ich weiß, daß es ihm wohlergeht. So bin ich aus meiner Zelle nach allen Seiten durch unmittelbare, feine Fäden an tausend kleine und große Kreaturen geknüpft, und reagiere auf alles mit Unruhe, Schmerz, Selbstvorwürfen.... Sie gehören auch zu all diesen Vögeln und Kreaturen, um die ich von weitem innerlich vibriere. Ich fühle, wie Sie darunter leiden, daß Jahre unwiederbringlich vergehen, ohne daß man »lebt«. Aber Geduld und Mut! Wir werden noch leben und Großes erleben. Jetzt sehen wir vorerst, wie eine ganze alte Welt versinkt, jeden Tag ein Stück, ein neuer Abrutsch, ein neuer Riesensturz.... Und das Komischste ist, daß die meisten es gar nicht merken und glauben, noch auf festem Boden zu wandeln....

Sonitschka, haben Sie vielleicht oder könnten Sie beschaffen den Gil Blas und den hinkenden Teufel? Ich kenne Lesage gar nicht und wollte ihn schon längst lesen. Kennen Sie ihn? Schlimmstenfalls kaufe ich mir ihn in der Reclam-Ausgabe.

Ich umarme Sie herzlich

Ihre Rosa.

Schreiben Sie bald, wie es Karl geht.

Vielleicht hat Pfemfert den »Flachsacker« von Stijn Streuvels, das ist wieder ein Flame; erschienen im Inselverlag, soll sehr gut sein.

Breslau, den 18. 10. 1918.

Liebste Sonitschka, ich schrieb Ihnen vorgestern. Bis heute habe ich noch keinen Bescheid auf mein Telegramm an den Reichskanzler, es kann vielleicht noch einige Tage dauern. Jedenfalls steht aber eins fest: meine

Stimmung ist schon derart, daß mir ein Besuch meiner Freunde unter Aufsicht zur Unmöglichkeit geworden ist. Ich ertrug alles ganz geduldig die Jahre hindurch und wäre unter anderen Umständen noch weitere Jahre ebenso geduldig geblieben. Nachdem aber der allgemeine Umschwung in der Lage kam, gab es auch in meiner Psychologie einen Knick. Die Unterredungen unter Aufsicht, die Unmöglichkeit, darüber zu reden, was mich wirklich interessiert, sind mir schon so lästig, daß ich lieber auf jeden Besuch verzichte, bis wir uns als freie Menschen sehn.

Lange kann es ja nicht mehr dauern. Wenn Dittmann und Kurt Eisner frei gelassen sind, können sie mich nicht länger im Gefängnis halten und auch Karl wird bald frei sein. Warten wir also lieber auf das Wiedersehen in Berlin.

Bis dahin tausend Grüße.

Stets Ihre
Rosa.

75

Anmerkungen

[1] Diese Karte ist die einzige Karte aus der Freiheit. Am 10. 7. 16 erfolgte Rosa Luxemburgs Verhaftung.

[2] »Der reiche Mann«, von Galsworthy.

[3] Diese Karte wurde geschrieben an dem Tag, an dem Karl Liebknecht in zweiter Instanz zu 4 Jahren Zuchthaus verurteilt wurde.

[4] »Vor Tag« von Hugo v. Hoffmannsthal.

[5] Im nächsten Jahre, am 15. Januar 1919, war Rosa Luxemburg in Gemeinschaft mit Karl Liebknecht, von der unter dem Protektorate der Ebert-Noske, Stampfer und Konsorten an der Wiederaufrichtung des alten Regimes arbeitenden Mörderzentrale gemordet.